समर्पित

स्व. श्रीमती ललिता अग्रवाल   स्व. श्री हरप्रसाद अग्रवाल

प्रस्तुत काव्य संग्रह "माँ तू बहुत याद आती है" को मैं अपने परम पूज्यनीय माँ एवं पिता, स्वर्गीय श्रीमती ललिता अग्रवाल एवं स्वर्गीय श्री हरप्रसाद अग्रवाल के चरणों में अश्रूपूरित श्रद्धांजलि स्वरूप समर्पित करता हूँ।

"माँ"
तू बहुत याद आती है...

काव्य संग्रह

अक्षय अग्रवाल

ISBN 979-8-88869-017-8

अनुक्रमणिका

स्वीकृति

प्रस्तुत काव्य संग्रह "माँ तू बहुत याद आती है" के प्रकाशन की प्रेरणाश्रोत रही मेरी अर्धांगिनी डॉ.अलका अग्रवाल का हृदय से आभारी हूँ एवं मेरे पुत्र एवं पुत्री को कोटिश: कोटिश: स्नेह प्रेषित करता हूँ जिन्होंने मेरा उत्साहवर्धन एवं मार्गदर्शन किया है।

॥ माँ ॥

मेरी उंगली पकड़,
तूने चलना सिखाया,
मैं गिरता था, लड़खड़ाता था,
तूने ही संभालना सिखाया।
एक दो तीन, क ख ग,
तूने ही तो सिखाए थे,
गुरु तो मेरी ज़िंदगी में
बहुत बाद मे आए थे
खुशी हो या ग़म,
तू हमेशा साथ होती थी,
तनिक भी कष्ट होता मुझको,
माँ तू कितना रोती थी।

मैं जागता, तू भी जागती,
मैं सोता तब भी तू जागती
ऐ माँ इतनी ममता,
आखिर तू कब सोती थी?
हर कष्ट से मुझे बचाती,
माँ तू मेरे लिए
दुनिया से लड़ जाती थी।

हर पल सुरक्षित था
मैं तेरे साये में,
अपने आँचल में मुझे छुपाती थी।

रोटी कम होती तो,
बहाने से
अपनी भी खिला देती थी।
शरारत पर कभी डाँटती,
कभी सीने से लगाती थी।
तेरी इक हँसी मेरे लिए,
इस दुनिया से बड़ी थी।
फरिश्ता थी माँ, तू मेरे लिए,
मेरी ज़न्नत,
तेरे कदमों में बसी थी।

क्यूँ लोग भगवान की तलाश में,
दर - दर भटकते हैं,
सेवा कर लो माता पिता की,
इन्हीं मे भगवान बसते हैं।
कोई डर, कोई भय,
मुझको सता ना पाता था,
माँ तुझसे तो मेरा,
जन्मों का नाता था।
था नहीं, है माँ,

फिर तेरी कोख में आऊँगा,
जनम लूँगा,
तेरी सेवा करूंगा,
तब ही तो मोक्ष पाऊँगा।
तू कहाँ है...
कहाँ है तू माँ?
क्यूँ अपने लाल को सताती है,
आ माँ, आ जा माँ,
तेरी बहुत याद आती है।

॥

॥ हे माँ! हे भारती माँ!! ॥

एक दिन सो कर उठा तो,
स्वप्न याद आया मुझे,
भरभराए बोल से,
उसने बुलाया था मुझे।

धुंधली सी एक आकृति,
कुछ साफ हो चली थी,
अपलक निहारती सी,
वो सामने खड़ी थी।

चाहती थी बोलना पर,
वो खड़ी चुपचाप थी,
संकड़ो प्रश्नों की माला,
कंठ उसके थी पड़ी।

पीड़ा गंभीर थी,
आँखों में नीर लिए,
मुझको पुकारती थी,
कंपकंपाते होंठ लिए।

हाल क्या बेहाल था,
रक्त रंजीत भाल था,
चीर फटे हाल था,
पर नूर बेमिसाल था।

कहने लगी एक हाथ,
दूजे हाथ को क्यूँ काटता,
ऐ लाल मै हूँ माँ सभी की,
क्यूँ है मुझ को बाँटता।

वीर जो मुझ पर मिटे थे,
वो धरा के चंद्रमा थे,
हिन्दू, मुस्लिम, सिख ना थे,
वो तो मेरी आत्मा थे।

इंसानियत है धर्म तेरा,
तू अधर्मी क्यूँ बना,
चंद टुकड़ों के लिए,
रक्षक है भक्षक क्यूँ बना।

वो कहे बेटा मुझे,
मै माँ न उसको कह सका,
प्यार आँखों मे था उसकी,
वो नहीं मै सह सका।

वो लहू जो गिर रहा था,
भाल से उसके ज़मीं पर,
वो है हिन्दू या मुसलमां,
मै नहीं पाया समझ पर।

कैसे कहूँ कपूत हूँ,
शर्म आती है बड़ी,
तोड़ उसकी बेड़ियाँ,
कैसे लगा दी हथकड़ी।

रंग आँचल के भरूँगा,
दे के फिर कुर्बानियाँ,
सत्य है अटल सत्य,
दूँगा अब ये निशानियाँ।

हे माँ! हे भारती माँ,
क्षम्य तो मै हूँ नहीं,
बंधन सभी कटूँगा फिर से,
शपथ लेता हूँ तेरी।

॥

॥ बेटी ॥

ज्यों सीप मे मोती,
ज्यों दिए मे ज्योति,
बस ऐसे ही घर मे
होती है बेटी।

किसी के लिए परी है,
किसी की राज दुलारी,
मेरे लिए तो नन्ही सी
गिलहरी है मेरी बेटी।

यहाँ वहाँ फुदकती है,
हँसती है खिलखिलाती है,
फिर प्यार से गले
लग जाती है बेटी।

लाड़ मे बिगड़ भी जाती है,
डाँटो तो रूठ जाती है,
समझाओ तो समझ जाती है
ऐसी होती है बेटी।

माँ बाप की शान होती है,
भाई का अभिमान होती है,
घर की लाज़ होती है
जिस घर मे होती है बेटी।

पढ़ाओ, लिखाओ, आगे बढ़ाओ,
काम आँकने की भूल न करना,
दो - दो घरों को जोड़ती है
इसीलिए तो कमाल है बेटी।

कुछ लोग घबरा जाते है,
अगर घर मे हो बेटी,
भ्रूण हत्या भी कर देते है,
अगर पेट मे हो बेटी।

बेटी को कभी बोझ न समझना,
सदकर्मों का फल होती है बेटी,
ईश्वर की अनूठी कृति है ये,
घर की आत्मा होती है बेटी।

||

॥ पिता ॥

कभी हँसाता है,

कभी रुलाता है,

ज़िंदगी से हमारी

उसका गहरा नाता है,

हाँ वो एक इंसान,

हमारा पिता कहलाता है।

सभी कष्ट सहता,

ज़माने से लड़ता है,

हमें छोटी सी खुशी देने को,

सदा तैयार रहता है।

धूप हो, बरसात हो,

आंधी हों, तूफान हो,

कोई भी बाधा हो,

वो चलता रहता है।

हमारी आशाओं के लिए,

हमारे सपनों को

पूरा करने के लिए,

दिन रात अथक

मेहनत करता रहता है।

वो जब उदास होता है,
खुशी ओढ़ लेता है,
हमसे छिपा कर अपने
आँसू पोंछ लेता है।
आपदा, विपदा या कोई डर,
हमे नहीं सताता है,
क्यूंकि पिता के रूप में
हमारे साथ
हमारा विधाता है।

उसे अपने वर्तमान की
तनिक भी चिंता नहीं,
क्यूंकि उसे हमारा
भविष्य सँवारना है।
प्यार से, दुलार से,
या फिर फटकार से,
पिता को हमारा
व्यक्तित्व निखारना है।

माँ का प्यार तो,
अतुलनीय होता है,
पिता का प्यार भी
काम नहीं आंकना।
अपना जीवन समर्पित करता है,

हमारे कल के लिए,
समय मिले तो उसके
दिल मे भी झांकना।

अरे! अपने दिल को बड़ा करो,
माँ बाप के लिए उसमे
कुछ तो जगह करो।
सीखा है अर्थ जिनसे जीवन का,
कुछ तो उनकी परवाह करो।
कुछ बच्चे कृतध्न हो जाते है,
घर तो बड़ा होता है,
किन्तु माता पिता को
वृद्धाश्रम छोड़ आते हैं।

ऐसा पाप कभी न करना,
माता पिता को
दरकिनार न करना,
माना ये वृद्ध हैं,
फल तो नहीं दे पाते हैं,
परंतु मार्गदर्शक बन,
सही राह दिखते हैं,
हमे जीना सिखाते हैं।

॥

॥ दंगा ॥

खबर् आई है, ये खबर् आई है,
शहर में कहीं फिर दंगा हुआ है।
लगता है आज फिर शहर में,
कहीं पर नाच नंगा हुआ है।

कुछ की दुकाने लूटी गई होंगी,
गरीबों का घर भी जलाया होगा।
आज फिर बेदर्द दंगाइयों ने,
इक नया रोजगार कमाया होगा।

आज इंसानियत घरों मे कैद है,
हैवानियत सड़कों पे दहाड़ रही है।
सियासत खिलखिला रही है,
वोटों की फसल काट रही है।

घर घर मे सन्नाटा छाया हुआ है,
कहीं कोई बुरी खबर् न आ जाए।
कोई कोख न ऊजड़ जाए,
कहीं कोई सुहाग न मिट जाए।

कोई राखी अपनी कलाई न खो दे,
कोई मासूम अपना पिता न खो दे।
किसी का सपना बिखर जाएगा,
जब कोई रक्तरंजित घर आएगा।

दंगाइयों का कोई धर्म नहीं होता,
इनका धर्म सिर्फ दंगा होता है।
इनका अतीत भी, इनका वर्तमान भी,
इनका भविष्य भी सब नंगा होता है।

असली गुनहगार सब आज़ाद घूमेंगे,
मासूमों को मुजरिम बनाया जाएगा।
यही तो खेल है इन सफेद आकाओं का,
ओ नादान इंसान तू समझ नहीं पाएगा।

॥

॥ बचपन ॥

बचपन को देखा तो
कुछ सवाल आ गए,
ऐ मालिक तेरी दुनिया मे,
ये हम कहाँ आ गए।

सुन था बच्चों मे
तेरा रूप होता है,
क्या माँगे कुछ तुझ से
अगर तेरा रूप ऐसा है।

आँखों मे चमक नहीं,
सिर्फ उदासी का सागर है,
होंठों पर हंसी नहीं
सिर्फ कंपकंपाहट है।

गालों पर आँसू जमे हैं
ये सूरत बात रही है,
लटें बिखरी धूल से अटी हैं
जग की सच्चाई छुपा रही है।

पेट मे आँतें तो हैं
मगर पचाने को खाना नहीं है,
सर पर आसमान तो है
सर छुपाने को आशियाना नहीं है।

तन पर कपड़ा नहीं है
कुछ कतरने बांध ली हैं,
नंगे पैर नापते हैं दुनिया
बस यूहीं इज्ज़त ढाँप ली है।

हे भाग्यविधाता अजब खेल तेरा
क्या ऐसे ही दुनिया चलाता है,
क्या यही है तेरा रूप
जो इस बेबसी में नजर आता है।

नंगा, भूखा, तड़पता बचपन
तू कैसे इन्हें देख पाता है,
न भविष्य के सपने हैं
ना कोई उमंग, ना कोई आशा है।

कहते हैं ये हमारा भविष्य है
पहले इनका वर्तमान संवार दे,
होंठों पर हंसी, आँखों मे सपने
थोड़ा इस बचपन को प्यार दे।

॥

॥ गरीब ॥

तन पर कपड़ा नहीं,
पेट में रोटी नहीं,
दिन रात मेहनत करता है।
बेचारा गरीब ना जाने,
एक दिन में कितनी,
मौतें मरता है।

धूप हो, बरसात हो,
आँधी हो, तूफ़ान हो,
उसे तो बस,
चलते रहना है।
ज़ुल्म हो, सितम हो या,
कुदरत का क़हर हो,
बेचारे गरीब को,
हर दम सहते रहना है।

बच्चे अमीरों के,
जब स्कूल जाते हैं,
गरीब के बच्चे सिर्फ,

देखते रह जाते हैं।
काश कोई मसीहा होता,
जिसने इनका दर्द जाना होता।
प्यार से इनके सर पर,
अपना हाथ रखा होता।
चार अक्षर इनको भी
पढ़ा देता कोई।
हाथ पकड़ इन मासूमों को,
चलना सिखा देता कोई।

गरीब के चूल्हे मे,
आग नहीं होती,
अपने अरमान जलाता है।
दिनभर की कड़ी मेहनत करके,
धरती की गोद मे ही,
गहरी नींद सो जाता है।

भूल न जाना ऐ दुनिया वालों,
गरीब के खून पसीने से ही,
तुम्हारे महल बनते हैं।
तुम्हारे सपने तब ही पूरे होते हैं,
जब गरीब के,
सपने जलते हैं।

ये हमारा ही हिस्सा हैं,
हमे कुछ करना होगा,
धूमिल होते इनके सपनों में,
हमे ही रंग भरना होगा।
ये पर्याय हैं मेहनत का,
जो हवाओं का रुख मोड देते हैं,
साहस की ये वो मूरत हैं,
जो समन्दर का सीना चीर देते हैं।

॥

॥ छोटी सी बात ॥

छोटी सी बात समझ में ना आयी।
दुनिया,
भगवान ने बनायी
या खुदा ने बनायी,
लेकिन शक्लें तो एक सी बनायी,
चाहे हिन्दू हो या मुस्लिम,
सिख हो या ईसाई,
छोटी सी बात समझ में ना आयी।

दो आँख, दो कान,
एक नाक, एक मुँह,
तेरे भी हैं, मेरे भी हैं।
खुदा भी अलग,
भगवान भी अलग,
फिर क्यूँ शक्लें,
एक सी बनायी?
छोटी सी बात समझ में ना आयी।

मुझे मालूम नहीं,
तुम्हें मालूम है?

क्या? नहीं मालूम,
कमाल है, मुझे भी नहीं पता,
फिर क्यूँ कहते हो,
मैं हिन्दू, तू मुसलमान,
ये सिख, वो ईसाई,
छोटी सी बात समझ में ना आयी।

अच्छा छोड़ो, ये बताओ,
तुमने खुदा देखा है?
और भगवान?
नहीं!!!
फिर क्यूँ कहते हो
खुदा हमारा है,
भगवान तुम्हारा है भाई,
छोटी सी बात समझ में ना आयी।

कौन हो तुम?
सच!!!
तो क्या मैं झूँठ हूँ?
अच्छा अच्छा अगर तुम सच हो,
तो समझ दो,
ये मज़हबी दीवार किसने बनायी?
क्यूँ लड़ते हैं
हिन्दू, मुस्लिम, सिख, ईसाई

के नाम पर
आपस में भाई भाई?
क्यूँ हमने खून की नदियां बहाई?
ज़रा समझ दो फटाफट मेरे भाई,
हमारी तो समझ में ना आयी।

क्या कहते हो?
भगवान खुदा है,
खुदा भगवान है,
मुसलमान हिन्दू और
हिन्दू मुसलमान है।
खून पर नहीं लिखा,
किसी का नाम है।
झूँठ बोलते हो,
बकवास करते हो,
खुदा व भगवान को
एक कहते हो।
हिन्दू को मुसलमान,
मुसलमान को हिन्दू कहते हो।

नहीं नहीं!!
तुम सच हो,
मै झूँठ हूँ,
कौन कहता है,

अलग है खुदा,
अलग है भगवान।
ये है हिन्दू, ये मुसलमान,
मर गई इंसानियत,
मर गया इंसान,
रह गई हैवानियत,
दुश्मनी और लड़ाई।
बात छोटी सी नहीं,
बहुत गहरी है,
बहुत बड़ी है भाई।
इसीलिए मेरी समझ मे ना आयी।

॥

॥ एक छोटा बच्चा ॥

एक बच्चे ने आज
मेरी उंगली पकड़ ली,
बोला, मुझे भी साथ ले चलो,
दिल में एक अरमान
बहुत पुराना है,
देश के लिए
कुछ कर दिखाना है।
मैं बोला, बहुत छोटे हो,
क्या कर लोगे?
बच्चा मुस्कुराया,
छाती ठोक कर बोला,
वही जो आज तक
आप से नहीं हुआ,
आप तो बस दुआ करना
कर तो हम लेंगे।
देश के दुश्मन
चाहे सरहद पर हो,
या हो देश के अंदर,
हम सब से निबट लेंगे।

गर्व हुआ बच्चे पर,
शर्म अपने आप पर
फिर भी पूछ लिया,
कैसे निबटोगे?
बच्चा व्यंग से हंस कर बोला,
सीधी उंगली से काम नहीं होगा
तो हम उंगली
टेड़ी करना भी जानते है,
कौन हैं देश के दुश्मन,
सबको पहचानते है।
सीमा पर, सीमा के प्रहरी,
सीना तान कर बैठें हैं,
देश के अंदर हैं
कुछ दुश्मन,
जो दीमक बन कर रहते हैं।

मैं चुप था मगर,
बच्चा बोल रहा था।
अपने भीतर मन में मन में,
अपने शब्दों को तोल रहा था।
भ्रष्टाचार, महंगाई, बेरोजगारी,
ये सब दीमक ही तो हैं,

जो समाज को खा रहे हैं,
और कुछ स्वार्थी लोग,
ठहाके लगा रहे हैं।
भाई को भाई से लड़वाना,
धर्म के नाम पर खून बहाना,
नारी को अपमानित करना,
बच्चों का बचपन छिनना।

कौन हैं ये लोग?
क्या देश के दुश्मन नहीं हैं?
समाज से इनको मिटाना,
क्या ये हमारा काम नहीं है?
कहीं भी हो,
किसी भी भेष में हो,
हम इन्हें पहचान ही लेंगे,
इन दीमकों का सफाया,
अब आप नहीं, हम करेंगे।

बच्चा तो आत्मविश्वास से,
सीना ताने चल गया।
मैं आवाक सा,
सोच रहा था,
धन्य है तू बालक,

कितना कुछ बताया गया।
क्या होती है,
देश भक्ति,
एक पल मे सीखा गया।

॥

॥ बरसात ॥

चलो फिर बरसात का
मौसम आ रहा है,
सदैव की भाँति,
कुछ खुशियाँ ला रहा है।
तप्त धरती पर ज्यों,
वर्ष की बूंदें गिरती है,
सुगंध माटी की आती है,
धरती अँगड़ाई ले उठती है।
भँवरा मधुर स्वर में
गुनगुनाने लगता है,
कलियों में नवजीवन
बल खाने लगता है।
वन हो, उपवन हो सर्वत्र
हरियाली छा जाती है,
इंद्रधनुष माँग भरता है,
धरा दुल्हन सी नज़र आती है।

ये बारिश बच्चों के,
बहुत मन भाती है,
कागज़ की नाव के लिए,

छोटी-छोटी नदियाँ बन जाती है।
धनवान के लिए
मस्ती का सामान है ये बारिश,
गरीब की ज़िंदगी में,
जी का जंजाल है ये बारिश।
कहीं चाय पकोड़ों की
महफ़िलें सजाई जाती है,
कहीं ज़िंदगी
एक कोने में सिमट जाती है।
घरों की दीवार से
पानी टपकने लगता है,
कैसे कटेगा ये मौसम,
कलेजा फटने लगता है।

जल ही जीवन है,
इसीलिए बरसात भी जरुरी है,
साथ आने वाली विपदाओं को,
सहना भी हमारी मज़बूरी है।
कमज़ोर का हाथ थाम ले,
ये सामर्थ्यवान का धर्म बनता है,
बरसात की खुशियों पर तो,
सभी का हक़ बनता है।

॥

॥ नारी ॥

नारी तू लाचार नहीं,

तू स्वामिनी है,

समस्त मानव जाती की,

तू अधिकारणी है,

उन सब अधिकारों की

जो तुझ से छीने जाते है।

नारी तू अबला नहीं,

सबला है,

तू अवलंबन है,

तू स्वाबलम्बन है,

क्षमाशील है,

तेरे ही कारण

ये जगत गतिशील है,

तेरी कोख में ही

मानवजाती का पोषण होता है।

किन्तु सबसे ज्यादा,

तेरा ही तो शोषण होता है।

तू ही माँ, तू ही पत्नी,

तू ही बेटी, तू ही बहन है।

तेरी ही श्वासों से जग में,

वायु का गमन है।

सारी व्याख्याऐं तुझ से हैं,
तूने ही सारे नाते बताए हैं,
ना जाने इन अज्ञानियों में,
किसको कितने समझ आयें है।
तेरे बिन तो विधाता भी,
पृथ्वी पर आ नहीं पाता,
पता नहीं क्यूँ ये इंसान,
तेरी महिमा समझ नही पाता।
तेरे गुणगान तो ईश्वर गाता है,
यही कारण है की वह भी,
बार बार अवतार ले,
तेरी गोद में आता है।

धरा सी सहनशीला है,
गगन सी विशाल है तू,
रचियता है, संहारक है,
जगत की पालनहार है तू।
आँचल मे दूध का अमृत है,
नयनों मे प्रेम का सागर है,
तुझ से ही ये दुनिया स्वर्ग है,
तू नहीं तो विष का गागर है।

||

॥ हवा देश की ॥

पावन थी मनभावन थी
हवा देश की,
अब तो अँधियों मे बदल गई
हवा देश की।

फूल मुरझाए हुए हैं,
कलियाँ खिलती नहीं हैं,
सावन मे भी पेड़ों की पत्तियां
तनिक भी हिलती नहीं हैं।
पतझड़ की बात न करो
वो तो सदाबहार हो गया है,
कुछ ऐसी हो चली है
फिज़ा देश की।

सोंधी सोंधी मिट्टी की सुगंध
मन को महकाती नहीं है,
पशु पक्षियों की मधुर आवाज़ें
कानों तक आती नहीं है।
बच्चों का हाल क्या बताएं

सहमा सा बचपन हो गया है,
कुछ ऐसी हो गई है
दशा देश की।

जीवन व्यापार बन गया है,
रिश्तों की कोई मानी नहीं है,
प्रेम के धारे लुप्त हो रहे है,
जवानी की कोई कहानी नहीं है।
कहीं कोई आशा नज़र नहीं आती
अर्थहीन जीवन जिए जा रहें हैं।
अब तो सब बन गए है
सज़ा देश की।

लज्जा गहन था नारी का
ढूँढे से भी मिलता नहीं है,
शौर्य गौरव था देश का
खो गया है दिखता नहीं है।
सम्मान की बात क्या करें,
स्वाभिमान भी शून्य हो गया है,
कुछ ऐसी हो गई है
दशा देश की।

कुछ तो जतन करना होगा,
भानु बन तमस को हरना,

शीश तन पर रहे न रहे,
शत्रुओं का दमन करना होगा।
कण कण में तृण तृण में,
घट घट में हर जीवन में,
नया जोश भरना होगा,
तब ही मुस्कुराएगी
हवा देश की।

॥

॥ मौसम ॥

आज एक सूखी डाल पर,
पत्ता हरा नज़र आया,
मौसम ने ली अँगड़ाई लगा,
थोड़ा सा सावन नज़र आया।
मनुष्य के जीवन में
मौसम आते जाते हैं,
कुछ जीवन हरे भरे होते हैं
कुछ सूख जाते हैं।
खिलने से पहले ही
मुरझाते भी देखा हैं,
फूलों को भी हमने
रोते हुए देखा हैं।
डर मत पगले
ज़िंदगी से यूँही लड़ता चल,
मनुष्य को भी हमने
विजयी होते देखा हैं।
यूँ तो हर मौसम के
अलग-अलग होते हैं रंग,
कुछ मन भावन,
कुछ होते हैं बदरंग।
जीवन के भी,

रंग दो होते हैं,
कुछ सुख से, कुछ दुख से,
सराबोर होते हैं।
सुख का अभिमान न करना,
दुख में व्यथित न होना।
धैर्य और साहस दो मंत्र हैं ऐसे,
ज़िंदगी में इनका साथ न खोना।
मौसम की भांति
समय भी बदल जाएगा,
आज बुरा हैं तो क्या
कल अच्छा समय भी आएगा।
समय श्रेष्ठ हैं
येही जाना हैं,
समय मूल्यवान हैं,
शक्तिमान हैं,
हमने तो येही माना हैं।
थाम ले समय का दामन,
जीवन सफल हो जाएगा।
मौसम कोई भी हो
कुछ अंतर नहीं आएगा,
पत्तझड़ के मौसम में भी
तुझे सावन नज़र आएगा।

||

॥ आज का इंसान ॥

इंसान आज का क्यूँ
परेशान सा लगता है,
करम पे अपने ही क्यूँ
कुछ हैरान सा लगता है।

खिले थे गुल चमन मे
शहीदों की शहादत से,
चमन क्यूँ आज मुझको
बहुत वीरान लगता है।

बेच माटी इस वतन की
बेईमान, खुदगर्ज़ हाथों में,
वतन में आज अपने ही
बहुत अनजान लगता है।

अच्छी सूरत, अच्छी बातें
पर सीरत, नीयत कहाँ है,
किस्मत पे आज अपनी ही
कुछ बदगुमान लगता है।

चले थे हम सफर पे
करेंगे नाम हम आला,
आज क्यूँ नाम आपना ही
बड़ा बदनाम लगता है।

॥

॥ हम एक हैं ॥

ऊपर वाला एक है,
ये सब जानते हैं,
किसी के लिए भगवान,
किसी के लिए खुदा,
ये भी मानते हैं।
सर्वशक्तिमान को
हमने ही सजाया है,
कहीं पर भगवान बना दिया,
कहीं पर खुदा बनाया है।

धर्म के ठेकेदारों ने
इंसान का बटवारां कर दिया,
किसी को हिन्दू बनाया,
किसी को मुसलमां बना दिया।
ईश्वर ने तो सारी कुदरत
इंसान के लिए ही बनाई,
ये तो हम ही हैं जिसने
बकरे को कुरान
गाए को गीता सिखाई।

अब तो मेवे भी बँटते जा रहे हैं,

पूजा मे नारियल,

इबादत मे खजूर काम आ रहे हैं।

तरबूज सिर्फ प्यास बुझता है,

उसका बाहर से खुदा,

अंदर भगवान से नाता है।

वृक्ष अभी आज़ाद हैं,

पक्षियों से आबाद हैं,

नहीं धर्म का बंटवारा है,

सभी मे भाईचारा है।

ऊपर वाले ने तो

इंसान बनाया था,

शक्ल सूरत एकसी देकर,

इंसानियत से सज़ाया था।

हमने क्या किया?

उसका रूप बिगड़ दिया,

किसी को हरा, किसी को

लाल बना दिया।

दर्द बहुत होता है,

चोट समझ नहीं आती,

ऊपर वाले की लाठी

किसी को नजर नहीं आती।

अभी वक्त है
संभल जा ऐ नादान,
खुदा भगवान एक है,
इंसानियत को पहचान।

||

॥ तिरंगा ॥

चररर...
बाबू जी,
झण्डा लोगे,
नहीं... मैं निर्दलीय हूँ,
ये... ये... तिरंगा है,
होगा, है तो किसी दल का ही,
नहीं साब, ये हमारे देश का है।
छनाक!!!
कुछ टूट गया,
दिमाग में,
झण्डा तो हमारे देश का भी था,
नहीं... नहीं... है,
तिरंगा...?
हाँ तिरंगा।
बहुत दिन हुए नाम सुने,
इसलिए भूल सा गया।
पूछ लिया,
आज क्यूँ बाँट रहे हो?
बाँट नहीं रहा हूँ साब,
बेच रहा हूँ।

बेच रहे हो?

हाँ साब, एक रुपए का।

मुझे गुस्सा आ गया,

या

शायद आत्मग्लानि,

पर छिपा कर बोला,

देश का तिरंगा बेचते शर्म नहीं आती

वाह साब,

अभी तक ये नहीं पता था,

तिरंगा क्या है?

मुझे सीख देते हो?

सीख! नहीं साब,

गरीब आदमी हूँ,

पेट भरने के लिए

सिर्फ कागज़ का, कपडे का,

तिरंगा बेच रहा हूँ।

क्या रोज़ बेचते हो?

नहीं साब बस आज।

आज ही क्यूँ?

आज १५ अगस्त है ना।

तो क्या हुआ कल १६ अगस्त होगी।

क्या कहते हो साब,

आज हम आज़ाद हुए थे।

छनाक...

फिर कुछ टूट गया, दिल में,
१५ अगस्त?
अरे हाँ
आज हम आज़ाद हुए थे।
साब क्या सोचने लगे?
अं... हाँ ल... लाओ दे दो,
और मैंने तिरंगा खरीद लिया।
लड़का खुश होकर बोला,
सलाम साब।

लड़का तो चला गया,
मगर छोड़ गया,
अनगिनत सवाल,
वो बेचता है, कपड़े का,
कागज़ का तिरंगा,
पेट भरने के लिए।
हम तो बेच देते हैं,
इसका मान सम्मान।
बेच देते है चमक,
इसके रंगों की,
अपने स्वार्थ के लिए।
सिर्फ १५ अगस्त को
ध्यान आता है,
ये है हमारा

गौरव!!!

एक बच्चा याद कराता है,

आज है १५ अगस्त,

हमारी आज़ादी का दिन।

एहसास कराता है देकर,

तिरंगा,

ये है हमारी शान,

हमारा गौरव,

और बन जाते हैं हम,

भारतवासी

साल में एक दो दिन,

लगा कर घर में, गाड़ी में,

तिरंगा!!!

और बाकी दिन...???

नहीं... नहीं...

गज़ब हो जाएगा,

अगर भूल गए अपनी

पहचान,

तो क्या रह जाएगा,

ये हरा भरा चमन,

शमशान बन जाएगा।

धन्य है वो बालक,

जो आज भी याद दिलाता है,

तिरंगे की,
है ये हमारी शान,
हमारा गौरव
तिरंगा।

॥

॥ भूख ॥

गर्व से अकड़ती,
अभिमान से चलती,
सफलताओं पर मुस्कुराती,
मिल गई रास्ते में,
भूख!!!

ईर्ष्यावश पूछ लिया,
बहुत प्रसन्न नज़र आती हो,
क्या राज़ है?
इठला गई, बल खा गई,
बोली तिरछी नज़र से,
मेरा ही तो राज़ है
इठलाऊँगी, बल खाऊँगी,
जहाँ जी चाहेगा,
वहाँ रोब जमाऊँगी।

मैं भी तन गया,
थोड़ा सा अकड़ गया,
शायद चिढ़ गया,
चुनौती दे बोला,

हूँ ह...... रौब,
मुझ पर जमाओ तो जानू।
हँस पड़ी, कहने लगी,
घर से आ रहे हो,
कहाँ जा रहे हो?
कार्यक्षेत्र...?
हाँ मेहनत करता हूँ,
क्यूँ कर सताओगी
तुम मुझे
ऐ भूख!!!

वह भी चटख गई,
व्यंग तीर चला गई,
तनख्वाह तो थोड़ी है,
कार चलाते हो,
क्यूँ नहीं कहते,
रिश्वत की कमाते हो।
कुर्सी की खातिर,
धर्म को भी घसीट लिया।
हो तो तुम इंसान,
शैतान को भी जीत लिया।

सच सच बताना,
कितनी नवयोवनाओं को,
बहन समझते हो।

पत्नी के होते हुए,
परनारियों को तकते हो।
जाँत पाँत के नाम पर,
दंगे करवाओगे,
स्वार्थ की खातिर,
कितने मरवाओगे।
जमाखोरी, कालाबाज़ारी,
तुम्हारे ही तो काम हैं,
फिर क्यूँ बेचारा गरीब,
भूख के लिए बदनाम है।

मै तो सकपका गया,
घबरा गया,
पसीने से नहा गया।
धीरे से बोला,
क्या करूँ मजबूरी है।
उसने मेरी आँखों मे झाँका,
फिर धीरे से बोली,
मजबूरी
या
भूख!!!

खिलखिला पड़ी,
कहने लगी,
चलती हूँ बहुत काम है,

मुझे कहाँ आराम है।
सच कहूँ,
इसीलिए तो मेरा नाम है।

वाकई बहुत काम है,
उसे कहाँ आराम है,
सत्य है,
इसीलिए तो उसका नाम है।
वह तो चली गई,
उगल गई एक सच,
कड़वा सच!

पेट मे लगती है,
गरीब के,
हमारा तो जला देती है,
तन मन,
मिल देती है खाक में,
नीयत,
डस लेती है,
पल मे हमारा,
ईमान
ये भूख!!!

||

॥ कैंसर ॥

कैंसर,
खरीदोगे,
मुफ़्त बिकता है,
खरीद लो,
कैंसर।

नेता के भाषण में,
भ्रष्ट प्रशासन में,
मिलावटी राशन में,
ले लो सस्ते में,
कैंसर।

अमीर की राल में,
वेश्या की खाल में,
गरीब की चाल में,
छिपा है निकाल लो,
कैंसर।

कॉलेज के ग्राउन्ड में,
ट्राफिक के साउन्ड में,

क्लबों के राउन्ड में,
महकता है सूंघ लो,
कैंसर।

चंदे के धंधे में,
वकील के फंदे में,
पुलिस के डंडे में,
मिलेगा मंदे में ले लो,
कैंसर।

धुएं में मिला है,
शराब में घुला है,
नशे का सिला है,
मुफ़्त में मिला है,
कैंसर।

नेता के वोट में,
तराज़ू के खोट में,
रिश्वत के नोट में,
भेंट मे मिलेगा,
कैंसर।

दवा की मिलावट में,
झूठी अदालत में,

रिश्ते की थकावट में,
फैला है समेट लो,
कैंसर।

नहीं लोगे,
तो भी मिलेगा
कैंसर।
अब तो टपकेगा छत से,
बहेगा नाली मे,
उड़ेगा हवा मे,
कैंसर।

वरना लिपट जाएगा,
हड्डी बन,
गले में अटक जाएगा,
कैंसर।
काटना ही पड़ेगा,
जब बोया है,
समाज मे,
दिलों दिमाग मे,
ये
कैंसर।

॥

|| धर्मांधता ||

धर्मांधता धर्म या आस्था का प्रतीक नहीं होती,
ये तो सिर्फ खाली दिमाग का फितूर होती है।

मज़हबी दीवारें खड़ी कर सियासत करने वालों,
कुछ देर की चाँदनी है फिर अंधेरी रात होती है।

मैंने तुझे, तूने मुझे मारा या हमने इंसान को मारा,
नहीं, इससे सिर्फ मानवता तार - तार होती है।

ईश्वर की पूजा करो या खुदा की इबादत,
राहें अलग - अलग मगर मंज़िल तो एक होती है।

नफरत का व्यापार मत करो, महंगा पड़ेगा,
हिन्दू, मुस्लिम अलग नहीं, खून की रंगत एक होती है।

नफरत के बीज बो कर क्या पाएगा तू ऐ इंसान,
याद रख मुहब्बत मे ताक़त बेशुमार होती है।

||

॥ मेरा शहर ॥

मेरे शहर की सड़कें

बहुत उदास हैं,

लोग नज़र आते हैं

मगर हाल बदहवास है।

भीड़ तो बहुत है,

सब भाग रहे हैं,

यहाँ से वहाँ,

वहाँ से यहाँ,

एक दूसरे से भाग रहे हैं।

सभी अनजान हैं,

सब कुछ वीरान है,

शायद इसीलिए मेरे शहर की

सड़कें उदास हैं।

कोई हँसता नहीं,

कोई मुस्कुराता नहीं,

कोई किसी से बतियाता नहीं।

कैसा शहर है?

कैसी ज़िंदगी है?

कुछ भी समझ आता नहीं।

सब साथ घूमते हैं,

मगर कोई दिल से

साथ नज़र आता नहीं।

क्या ये शहर नहीं है?

सब कुछ बियावान है,

शायद इसीलिए मेरे शहर की

सड़कें उदास हैं।

पक्षियों ने भी अब

चहचहाना छोड़ दिया,

पशुओं ने भी अब

रंभाना छोड़ दिया।

फूल तो खिलते हैं मगर

भवरों ने भी

गुनगुनाना छोड़ दिया।

मुरझाई हुई सी

हर कली है,

बहारों ने भी अब

दामन छोड़ दिया।

सब कुछ सुनसान है,

शायद इसीलिए मेरे शहर की

सड़के उदास है।

अब तो हमे ही

आगे बढ़ना होगा,

कुछ कर्म, कुछ उधम
करना ही होगा।
दूर करनी है अगर
इन सड़कों की उदासी,
नवचेतना, नवउर्जा का
संचरण करना होगा।
अगर लानी है,
हर चेहरे पर मुस्कान,
एकता, भाईचारे का
परचम लहराना होगा।

||

॥ मेरे देश मे ॥

पहले नहीं हुआ था पर अब ये हो रहा है,
ये अक्सर हो रहा है अब मेरे देश में।

कहने को कुछ भी नहीं
लेकिन बात कर रहा है,
तिल जैसी बात को
ताड़ जैसा कर रहा है,
मंदिर मस्जिद बाँट कर
हर रोज लड़ रहा है,
राम और रहीम के नाम
कत्ले-आम कर रहा है,
राम मर रहा है
रहीम मर रहा है,
ये क्या है, क्यूँ हो रहा है, मेरे देश में?

पहले नहीं हुआ था पर अब ये हो रहा है,
ये अक्सर हो रहा है अब मेरे देश में।

कहने को हैं भाई – भाई
पर अब बन गए कसाई,

मैं हिन्दू, तू मुसलमां

ये सिक्ख, वो ईसाई,

मुहब्बत के तोड़ धागे

है दुश्मनी कमाई,

कुछ और नहीं है ये

हैवानियत है मेरे भाई,

इंसानियत को मार कर

अब इंसान बन रहा है,

ये क्या है, क्यूँ हो रहा है, मेरे देश में?

पहले नहीं हुआ था पर अब ये हो रहा है,

ये अक्सर हो रहा है अब मेरे देश में।

अब तो फिज़ा में खुशबू

आती नहीं वतन की,

वीरान हो गई हैं राहें

सूनी है हर गली भी,

सुखी है डाली डाली

मुरझाई हर कली भी,

हरेक चेहरे पर है स्याही

अनजाने खौफ़ की सी,

शब-ऐ-रोज़ को क्यूँ तू

बदनाम कर रहा है,

ये क्या है, क्यूँ हो रहा है मेरे देश में?

पहले नहीं हुआ था पर अब ये हो रहा है,
ये अक्सर हो रहा है अब मेरे देश में।

जो लिख गए सफ़े पर
इंकलाब का नारा,
सारे जहां से अच्छा
है ये हिंदुसतां हमारा,
उनको ज़रा बुलाओ
दिखलाओ ये नज़ारा,
वो भी ना कह सकेंगे
ये है हिंदुसतां हमारा,
रूह-ऐ-वतन को आज
क्यूँ क़त्ल कर रहा है,
ये क्या है, क्यूँ हो रहा है मेरे देश में?

पहले नहीं हुआ था पर अब ये हो रहा है,
ये अक्सर हो रहा है अब मेरे देश में।

||

|| भीड़ ||

ये भीड़,
कहाँ जा रही है,
किधर जा रही है?
दौड़ो, पकड़ो, भागों, मारो,
अरे किसे मारो?
किसे पकड़ो?
कुछ पता नहीं बस,
भागी जा रही है।
मैं परेशान, तू परेशान,
हम सब परशान,
अंतहीन परेशानियाँ है।
मगर क्यूँ है परेशान,
ये पता नहीं,
बस परेशान हैं हम सब।

समाज का
उत्थान करना है,
मगर कहाँ है समाज?
समाज तो समरूपता,
सरसता, भाईचारे का नाम है।

कहीं नज़र आता है ये
तथाकथित समाज?
बस एक भीड़ है,
जंगल के समान।
जंगल के कानून से ही चलता है,
ये तथाकथित
जंगल सा समाज।
ईश्वर ने तो सबको,
बनाया एक समान,
सूरत से, सीरत से,
आचार से, व्यवहार से,
हमने बदल दिया सबका ईमान,
कोई हिन्दू बना दिया,
कोई सिख, कोई ईसाई,
कोई बना दिया मुसलमान।
आज हम स्वयं से लड़ रहे है,
ईश्वर की कृति से,
झगड़ रहे हैं।
बेईमानी, ईमान
नज़र आती है,
खुदगरजी संस्कार नज़र आती है।

उलझ गए हैं,
अपने ही जाल में,

कौन है जो कटेगा,

हमारी झूठी शान का जाल?

अब न कान्हा आएंगे,

नया राम धनुष उठायेंगे,

स्वयं ही बचनी होगी,

ये डगमगाती, डूबती नाव।

वरना सब कुछ समाप्त हो जाएगा,

ये समाज

भीड़ बन कर रह जाएगा,

और हम दौड़ते, भागते,

मरते, मारते दिशाहीन हो जाएंगे।

अपनों का ही खून बहायेंगे,

फिर समाज नहीं,

जंगलवासी कहलाएंगे,

इंसानियत से दूर,

सिर्फ हैवान रह जाएंगे।

||

॥ चप्पल और जनता ॥

मेरे पैर की चप्पल

बहुत परेशान रहती है,

कभी थकती नहीं है,

दिन रात मेहनत करती है।

आवाज़ भी करती है

तो डर डर के,

सारे कष्ट सहती है

बेचारी मर मर के।

धूप हो बरसात हो,

आंधी हो या तूफ़ान हो,

उसे तो सहना ही है,

क्यूंकि मेरे पैरों मैं तो

उसे रहना ही है।

कीचड़ मे सन जाती है

तो धुलवा लेता हूँ,

अगर टूट जाती है

तो जुड़वा लेता हूँ।

चप्पल भी दो तरह की होती है,

आमिर की चप्पल,

गरीब की चप्पल,
अमीर तो पोलिश से चमकता है,
गरीब फटी कमीज़ की
आस्तीन से चमकाता है।
क्या अज़ीब किस्मत है
चप्पल की,
पहनने के काम तो आती ही है,
कभी कभी ये चप्पल
सिर पर भी पड़ जाती है।

चप्पल जैसी ही तो
हमारी जनता है,
दिन रात मेहनत करती है,
सारे कष्ट सहती है,
हर हाल मे मर मर के
घुट घुट के जीती रहती है।
नेता घुमाते है घूमती रहती है,
उम्मीद से बंधी
पैरों में पड़ी रहती है,
नित नए ज़ुल्म सहती है,
लेकिन कभी उफ्फ़ नहीं कहती है।

जनता भी दो तरह की होती है,
अमीरी वाली जनता,

गरीबी वाली जनता,

अमीर तो अमीरी में मस्त रहता है,

गरीब बदहाली को सहता रहता है।

कुछ न पूछिए,

क्या हाल होता है,

जब गरीब का

माथा खराब होता है।

प्यार से आपको

शहंशाह बना दे,

गुस्सा आए तो

पल मे धूल चटा दे।

चप्पल अच्छी होगी तो,

पैरों में विवाई नहीं पड़ेगी,

जनता सुखी होगी तो,

सियासतदानों के सिर पे नहीं पड़ेगी।

॥

॥ करले याद नौजवाँ ॥

बना हृदय पाषाण, हो गया खून क्यूँ तेरा पानी,
करले याद नौजवाँ आज फिर अपनी वही जवानी।

कहाँ सुबह की किरण सुनहरी,
कहाँ शाम की लाली,
लगे चाँद की चाँदनी अब तो,
हर दम काली काली,
कहाँ गई मिट्टी की खुशबू,
कहाँ गए वो माली,
जो संभालते थे बगिया का,
हर फूल हर डाली,
कहाँ गया पंछी का कलरव,
कहाँ घाटा मतवाली,
कहाँ छिपे है धूप छाँव और,
कहाँ छीपी हरियाली,
आज हवाओं के रुख से डरता है प्राणी प्राणी।

बना हृदय पाषाण, हो गया खून क्यूँ तेरा पानी,
करले याद नौजवाँ आज फिर अपनी वही जवानी।

ना ही बाप को बेटा मिलता,

ना ही भाई को भाई,

बहन बेचारी सोच रही है,

कहाँ गई वो कलाई,

ममता आज खड़ी चौराहे,

फूट रही है रुलाई,

आज पतिव्रत धर्म कहाँ जब,

पति बना है कसाई,

किस क्षण किसकी लाज़ लूट गई,

किसने ममता गंवाई,

आज नहीं इंसान ज़मीं पर,

बसे सिर्फ सौदाई,

नहीं मान मर्यादा हो रही संबंधों की हानी।

बना हृदय पाषाण, हो गया खून क्यूँ तेरा पानी,
करले याद नौजवाँ आज फिर अपनी वही जवानी।

जाँत पाँत और ऊंच नीच का,

भेदभाव क्यूँ करता है?

मंदिर, मस्जिद, चर्च, गुरुद्वारे,

को लेकर क्यूँ लड़ता है?

हिन्दू, मुस्लिम, सिख, ईसाई,

रक्त कहाँ होता है?

जो बहता है इस धरती पर,

वह रक्त, रक्त होता है,
आज़ादी का अर्थ बदलने में,
समय नहीं लगता है,
कल तक भारत पर मरते थे,
अब भारत क्यूँ मरता है,
आज धरा माँ मांग रही है प्रेम की अमृतवाणी।

बना हृदय पाषाण, हो गया खून क्यूँ तेरा पानी,
करले याद नौजवाँ आज फिर अपनी वही जवानी।

॥

॥ ऐसा क्यूँ है ॥

नज़रें सूनी सी क्यूँ हैं,
जुबां खामोश क्यूँ है,
हर एक इनसां डर से,
सहमा हुआ सा क्यूँ है?

चमन उदास क्यूँ है,
हवा गुमसुम सी क्यूँ है,
पत्ती - पत्ती है सिमटी,
गुलशन वीरान क्यूँ है?

सुबह खाली सी क्यूँ है,
शाम स्याही सी क्यूँ है,
चाँद की चाँदनी भी,
आज शरमाई सी क्यूँ है?

दोस्ती अदावत सी क्यूँ है,
रिश्ता खूनी सा क्यूँ है,
कभी अपने थे जो,
आज अनजान क्यूँ है?

खुशी ग़मगीन क्यूँ है,
समा बदरंग क्यूँ है,
मेरे सपनों का भारत,
आज शमशान क्यूँ है?

॥

॥ कर कविता चंदन जैसी ॥

कर कविता चंदन जैसी,
याद करे जिसको जनमानस।
अमिट रहे जो काल अनंता,
हृदय पटल पर हर मानव के ॥

रहे भुजंग चंदन लिपटे,
पर सुगंध नया दूषित हो।
कर ऐसा साहित्य सृजन,
जो मानव को तर्पण दे ॥

शीतल तन, मन पवन होवे,
सराबोर अंतर्मन होवे।
श्रेष्ठ रसों से परिपूर्ण हो,
ऐसा उसमे रस भर दे ॥

निर्मल, निर्झर, गंगा जैसी,
कोमलता हो फूलों जैसी।
हो बसंत का नवप्रभात,
ऐसा कविता को रंग दे ॥

तप्त धूप मे छाँव बने जो,
और प्यासे को अमृत प्याला।
जो जीवन के दुखित क्षणों मे,
एक नई उमंग भर दे ॥

चंचलता मृग शावक जैसी,
धरा समान सहनशीला।
हो विशालता अंबर जैसी,
ऐसा कविता को स्वर दे ॥

॥

॥ हे मानव! हे मानवता!! तुम कहाँ खो गए ॥

कंठ हुआ है शुष्क, स्वर कहाँ लुप्त हो गए,
हे मानव, हे मानवता, तुम कहाँ खो गए।

हृदय विदीर्ण मन क्षीण
धरा पर पड़े हुए हो,
कहने को है भीड़ मगर
शून्य से घिरे हुए हो,
होते थे मन मग्न
बना कर अर्थ अनर्था,
भाग्य में था लिखा हुआ
कह अब क्यूँ रोते हो,
सतत अविरल गतिमान
धारा है ये समय की,
नहीं किया आलिंगन
समय से बिछुड़ गए,
हे मानव, हे मानवता, तुम कहाँ खो गए।

कंठ हुआ है शुष्क, स्वर कहाँ लुप्त हो गए,
हे मानव, हे मानवता, तुम कहाँ खो गए।

कभी प्रस्फुटित होती थी
सरगमें कंठ से तेरे,
आज कर्कशा वाणी को
जीवन आधार बनाया,
प्रेमहृदय विच्छेदित करना
करना सीख गए हो,
शत्रु को भी मित्र
बनाना भूल गए हो,
आज चंद्रमा भी अपलक
धरती पर देख रहा है,
वो प्रेम सुधा के
अमृत धारे कहाँ गए,
हे मानव, हे मानवता, तुम कहाँ खो गए।

कंठ हुआ है शुष्क, स्वर कहाँ लुप्त हो गए,
हे मानव, हे मानवता, तुम कहाँ खो गए।

मन कर दृढ़, दृढ़ता में
तुझे विश्वास मिलेगा,
विगत भूल जा तू
स्वर्णिम भविष्य बुनेगा,

वर्तमान को जीत ले
जीवन सफल रहेगा,
अंतर्मन में ढूंढ ज़रा
वहीं पर मर्म मिलेगा,
कर्म किए जा फल की
इच्छा मत कर ऐ प्राणी,
कृष्ण वाक्य यह
गीता का क्यूँ भूल गए,
हे मानव, हे मानवता, तुम कहाँ खो गए।

कंठ हुआ है शुष्क, स्वर कहाँ लुप्त हो गए,
हे मानव, हे मानवता, तुम कहाँ खो गए।

तेरे एक स्पर्श से
जीवन खिल उठता था,
हे मानवता तुझे में
तो जीवन मिलता था,
कंठ बना दे सरस
हमारे स्वर लौटा दे,
हे मानवता मानव को
मानव तू बना दे,
आज धरा का स्वर्ग
धरा को फिर लौट दे,
हम निर्लज हैं जो तुझसे

यूँ नाता तोड़ गए,
हे मानव, हे मानवता, तुम कहाँ खो गए।

कंठ हुआ है शुष्क, स्वर कहाँ लुप्त हो गए,
हे मानव, हे मानवता, तुम कहाँ खो गए।

॥

॥ यही तो सोचना है ॥

बहा था खून तब भी, बहा है खून अब भी,
मगर है फ़र्क कितना, यही तो सोचना है।

गुलामी की घटाएँ थी, बरसता ज़ुल्म का पानी,
बिलखती माँ हमारी थी, तड़पती थी जवानी।

उमंगें भरी थी दिलों में, तिरंगा हाथ मे था,
बना कर पुष्प सर को, चढ़ाया मात पर था।

मस्तक रक्त रंजीत थे, मगर था गर्व कितना,
मरेंगे देश की खातिर, तना रहता था सीना।

मगर अब खून की होली, खेलता नौजवां क्यूँ है,
नहीं परतंत्र है अब देश, तड़पती माँ मेरी क्यूँ है।

सिसकती आज बहना है, देख कर भाई को अपने,
मगर तब देखती थी वो, शहीदों की तरह सपने।

ना ही हैं रिश्तों की मर्यादा, ना ही हैं वो उमंगें,
क्यूँ अपमानित हो रहे अब, मेरी माँ के तिरंगे।

जवानी आज घायल है, नहीं है शर्म का पानी,
दिल पर बोझ कैसा है, समझता क्यूँ नहीं प्राणी।

हर तरफ खून बहता है, इसे पानी ही समझो,
नहीं है ये वो क़तरा, बहा था हिन्द पर जो।

चोट थी बेड़ियों पर, हरेक वो खून का कतरा,
मगर जो आज बहता है, कलेजा माँ का रिसता।

नहीं थी कल्पना तब ये, झुकेगा भाल भारत का,
अभी भी वक़्त काफ़ी है, करें कुछ नाम भारत का।

वीरान होने से पहले ही, चमन को सींचना है,
नहीं ये काम है मुश्किल, यही तो सोचना है।

॥

॥ शोर ॥

ये कैसा तूफ़ान,
ये कैसा शोर है,
हर तरफ़ आँधियाँ,
हर तरफ़ ज़ोर है।
क्या है यह महत्वाकांक्षा या
उत्कंठा,
या कुछ और है,
शायद ये स्वार्थ है,
काम है,
क्रोध है,
कुछ ऐसी ही दीवानगी है,
शायद उसी का शोर है।

इस शोर का कोई,
धर्म, मजहब है?
ये ईश्वर का शोर है,
या अल्लाह का,
ईसा का या नानक का?
नहीं बस एक आवाज़ है,

मारो-मारो,
अरे किसे मारो,
मुझे समझाओ, किसे मारूँ?
तुम्हें या स्वयं को?
ईश्वर को या अल्लाह को?
या फिर इंसानियत को?
भाईचारे या सद्भाव को?

या मानवता को?
नहीं जानते बस,
एक शोर है।

अनियंत्रित श्रृंखला है,
बढ़ती जा रही है।
डस रही है,
समाज़ को, सभ्यता को,
रोकना होगा,
ये तूफ़ान, ये आँधी,
अन्यथा टूट जाएंगी
सदियों की परम्पराएं,
बिखर जाएंगी,
सभ्यताएं,
मै ही नहीं तुम भी,
भूल जाएंगे एक भेद,

समाज और जंगल का।
क्या उचित होगा
ऐसा भयानक ये
शोर!!!

॥

॥ ऐ ज़िंदगी ॥

दिल करता है लिखूँ,
कविता तुझ पर,
किन्तु शब्द कहाँ से लाऊं?
दिल करता है बनाऊं,
तस्वीर तेरी,
किन्तु रंग कहाँ से लाऊं?
मेरे शब्द, मेरे रंग,
सब तुझसे बनते हैं,
बिगड़ते हैं, और तु,
आईं और चली गईं,
एक हवा के झोंके की तरह,
मुझे बिन छूए,
और मैं खालीपन का ओढ़े
कफ़न
खाली ही रह गया।

क्या मैं इतना बेगाना हो गया?
या तु पहचान न सकी,
मेरा चेहरा,
मेरी तो हर सुबह

तेरे एहसास से होती है।
खिलती हुई हर कली में,
तेरी हँसी होती है।
फिजाओं मे महक से,
तेरी पहचान होती है।
तू पास रहकर भी,
क्यूँ दूर रहती है?
और मैं तलाशता हूँ तुझे,
अपने आस पास।
तरसता हूँ तेरी खुशबू की,
दो बूंद के लिए।
जागता हूँ रातों को,
तुझे देखने के लिए,
तुझे महसूस करने के लिए,
तुझे प्यार करने के लिए।

मेरा भविष्य,
तुझे बनाना था,
मगर हो न सका,
याद रखना,
तुम कल्पना नहीं हो,
सत्य हो, मेरे साथ
जन्मबंधन है तुम्हारा।
ये बंधन भी टूट जाएगा,

क्यूँ की तुम बेवफ़ा हो,
और मैं समा जाऊँगा
अटल काल मे,
और तुम चली जाओगी,
ऐ ज़िन्दगी।

॥

॥ नेता जी और जनता ॥

शहर में नेता जी आए हैं,
क्या लाए हैं?
बहुत से वादे लाए हैं।
फिर तो शहर के
अच्छे दिन आ जाएंगे।
कुछ नहीं होगा,
लंबा भाषण पिलाएंगे,
वोट मागेंगे और
हवा हो जाएंगे।
मैंने पूछा,
स्वागत तो करते हो न,
क्या तैयारियां की हैं?

हाँ हाँ क्यू नहीं,
सड़कें खाली कराई हैं,
जो नहीं हटा
उसपर लाठियाँ चलाई हैं।
ये बसें कैसी हैं जो
भागी जा रही हैं?

अरे ये बसें हा हा
ये तो भीड़ ला रही हैं।

ये लोग क्यूँ आए हैं?
मुफ़्त में सैर करेंगे,
नेता जी की जय-जयकार करेंगे।
अरे ये-ये एम्बुलेंस क्यूँ रोक दी?
देखते नहीं हो
नेता जी की गाड़ी आ रही है।
उस मरीज़ का क्या होगा
जो एम्बुलेंस में है?
होना क्या है
अस्पताल थोड़ी देर से जाएगा।
अगर हालत बिगड़ गई तो?
तो दुनिया से विदा हो जाएगा।

अरे अरे साहब सुनिए,
आप कहाँ जा रहे हैं?
नेता जी का भाषण सुनने?
हाँ क्यूँ नहीं जाएं?
ना -ना अवश्य जाइए।
वैसे बहुत मानते हैं नेता जी को?
ना -ना हम तो जानते भी नहीं इनको।
फिर भी आए हो?

अरे क्यूँ ना आए?

आलू पूरी खाएं हैं,

५०० रुपए भी पाए हैं।

मैं हड़बड़ा गया, पुछा,

क्या तुम बेरोजगार हो?

शान से वो बोला,

अरे महोदय,

यही तो हमारा रोजगार है।

कहाँ जा रहा है

ये देश हमारा,

भीख को ही रोजगार

समझता है नौजवान हमारा।

चार पूरी दो आलू मे

खुश है बेचारा, लेकिन

भविष्य की नींव नहीं रखता

नौजवान हमारा।

नेता तो बहकाएंगे,

उन्मादी राह दिखाएंगे।

ऐ नौजवाँ उठ,

संभल जा,

अभी वक्त है,

जोश पैदा कर, नया इतिहास रच,

अभी वक्त है।

आँखों मे पानी नहीं,

रक्त छलकना चाहिए,

जहां भी कदम रखो,

एक नई राह निकलनी चाहिए।

॥

॥ आत्मसम्मान ॥

चीर दूँगा सीना समुंदर का,
शांत कर दूँगा ज्वालामुखी,
बौना कर दूँगा हिमशिखरों को,
गर साथ हो मेरे तुम सिर्फ तुम।

मेरी आँखों मे चमकते रहना,
अरमान बन दिल मे सजे रहना,
मेरी सासों मे महकते रहना,
मेरा अभिमान हो तुम सिर्फ तुम।

जीवन गंगा की रसधार हो तुम,
निर्मल हो तुम, पावन हो तुम,
जो बरसा हो रेगिस्तान पर,
ऐसा सावन हो तुम सिर्फ तुम।

तुम श्रोत हो मेरे सृजन का,
मेरे शब्दों का, मेरे गीतों का,
मेरे एहसास, मेरे जज़्बातों का,
मेरी धड़कन हो तुम सिर्फ तुम।

यकीं है छोड़कर मुझे ना जाओगे,
जीवन भर मेरा साथ निभाओगे,
मेरा जीवन, मेरा प्राण हो तुम,
कुछ और नहीं मेरा आत्मसम्मान हो तुम।

॥

॥ नवयौवना ॥

स्वर्णाभूषण से शोभित
तुम रूप की रानी लगती हो,
इक इक पग पे जग झूम उठे
तुम ऐसा यौवन रखती हो।

मन मयूर हो नाच उठे
सुन तेरी पायल की छन छन,
ये हार, ये झुमका, ये नथनी,
ये तेरे कंगन की खन खन।

तू कुंदन तेरे तन पे कुंदन
तू अजब पहेली लगती है,
जितना तेरा रूप निहारू,
तू उतनी सुन्दर लगती है।

हीरों से जड़ा ये रूप तेरा
कुछ ऐसा रंग बरसाता है,
ज्यों बादल को चीर के चन्दा,
रात उजियारी करता है,

तुम सुन्दर अति सुन्दर हो
तुमको मुझको सबको पता है,
पर हे सजनी तुम नहीं जानती,
राज तुम्हारे रूप का क्या है?

तुम कमसिन, तुम नाज़ुक हो
तुम नादां सी बाला हो,
इन्द्र सिंहासन डोल उठे,
तुम ऐसी रूप की ज्वाला हो।

रूप को तेरे नहीं जरूरत
किसी कनक या हीरे की,
शर्म हया मे लिपटी है तू,
नार नहीं इस ज़खीरे की।

॥

॥ तौबा तौबा ॥

तेरा हुस्न तौबा, तेरा इश्क़ तौबा,
तेरी आशिक़ी का है अंदाज़ तौबा।

वो पलकें गिराना, गिराकर उठाना,

वो रुख पे शर्म की लाली का छाना,

वो होंठों को होले - होले दबाना,

वो गर्दन झुक कर तेरा मुसकुराना,

वो सिमटना है तौबा, लरजना है तौबा,

तेरी हर इक अदा का है इज़हार तौबा।

तेरा हुस्न तौबा, तेरा इश्क़ तौबा,
तेरी आशिक़ी का है अंदाज़ तौबा।

वो रुक, रुक के तेरा धीरे से चलना,

वो चलते में धीरे से पल्लू सरकना,

वो धीमे से हाथों का कंगना खनकना,

वो बालों की लट का गालों पे हिलना,

तेरा नाज़ तौबा, तेरा नख़रा तौबा,

तेरी चाल की नाज़ुकी हाय तौबा।

तेरा इश्क़ तौबा, तेरा हुस्न तौबा,
तेरी आशिक़ी का है अंदाज़ तौबा,

वो ग़ज़ब का लड़ना, ग़ज़ब का झगड़ना,
वो क़यामत है रोना, क़यामत है हँसना,
वो तेरे बोलने में फूलों का झड़ना,
वो आँखों ही आँखों मे इसरार करना,
तेरा इनकार तौबा, तेरा इक़रार तौबा।

तेरा इश्क़ तौबा, तेरा हुस्न तौबा,
तेरी आशिक़ी का है अंदाज़ तौबा।

॥

॥ सफ़र ज़िंदगी का ॥

मिलना बिछुड़ना, ग़म या खुशी,
तक़दीर का खेल है ज़िंदगी,
छोटी डगर हो या लंबा हो रस्ता,
अकेला हो राही या साथ हो सभी का
करना पड़ेगा सफ़र ज़िंदगी का।

रंग तस्वीरों के उड़ने लगे हैं,
जो मिल गए थे वो बिछुड़ने लगे हैं,
ज़ुबां लड़खड़ाई, कदम डगमगाए,
कैसे सुनाए हम हाल अपने जी का,
करना पड़ेगा सफ़र ज़िंदगी का।

कोई गुल गुलशन में खिलने ना पाया,
माली ने खुद ही चमन को जलाया,
आँखों में अश्कों को कैसे छुपायें,
अपना नहीं है ये हाल है सभी का,
करना पड़ेगा सफ़र ज़िंदगी का।

निशां मंज़िलों के खुद ही मिटाए,
हरेक मोड़ पर हादसे पेश आए,

दर्द -ऐ- ज़िगर को हम कैसे दबाएं,
खुदगर्ज़ दुनियाँ मे इनसां है सस्ता,
करना पड़ेगा सफ़र ज़िंदगी का।

सुबह की किरण हो या साँझ का घनेरा,
मुश्किल हो कितना ही जीवन का फेरा,
करना पड़ेगा सफ़र ज़िंदगी का,
करना पड़ेगा सफ़र ज़िंदगी का।

॥

॥ पिघल जाऊंगा मै ॥

मुझे ना छोड़ना तन्हा घबरा जाऊंगा मै,
रेत के ढेर की मानिंद बिखर जाऊंगा मैं।

तुम्हारे कदम जो कदमों के साथ ना पड़े,
कैसे करूंगा मैं ये सफर ठहर जाऊंगा मैं।

सागर-ऐ-ज़िंदगी मे तूफ़ान ज़दा सकीना है,
ना मिल सहारा तिनके सा बह जाऊंगा मैं।

एक रात नहीं है शब -ऐ- रोज़ ग़मज़दा है,
थाम लो मुझको वरना किधर जाऊंगा मैं।

तौबा तौबा मेरी तौबा यारब तेरी ज़िंदगी से,
ना मिला दमसाज़ तो बेमौत मर जाऊंगा मैं।

हर पल एक आग सीने मे लिए घूमता हूँ मैं,
ना मिला करार मोम सा पिघल जाऊंगा मैं।

॥

॥ लड़ना ही ज़िंदगी है ॥

शाख -ए- आसमां से उतर् कर कदम चूमती है,
न जाने कैसी है, कहाँ घूमती है ये ज़िंदगी।

कल तक हँसाती थी, गुदगुदाती थी ये निगोड़ी,
अब रुलाती है, सताती है, तड़पाती है ये ज़िंदगी।

पहले रंगों की रंगोली थी, होली की ठिठोली थी ये,
न जाने क्यूँ बेनूर, बदरंग हो गयी ये ज़िंदगी।

झरने सी बहती थी, हवाओं सी उड़ती थी,
अब सिर्फ साँसों में कैद हो गयी ये ज़िंदगी।

ए- दिल तू गम न कर, यूं उदास न हो,
माँ की ममता, पिता का प्यार भी है ये ज़िंदगी।

चल उठ, जोश पैदा कर, हौसला ना हार,
तूफ़ानों से लड़ने का नाम ही है ज़िंदगी।

॥

॥ तन्हा जाना चाहता हूँ ॥

कैसे लिखूँ मैं यारब की मैं क्या चाहता हूँ,
हर दर्द से ज़िंदगी के गुजरना चाहता हूँ।

अश्कों को देख कर तो दुनिया ने दर्द जाना,
अश्कों को दिल ही दिल मे पीना चाहता हूँ।

देखा जो आईना तो मैं खुद ही डर गया था,
अपनी सूरत को ज़माने से छिपाना चाहता हूँ।

इस रूह मै चुभे हैं यूँ तो हजारों नश्तर,
बची और जगह कितनी आज़माना चाहता हूँ।

मैं तड़पा हूँ इस क़दर की शौक़ बन गया,
है और तड़प कितनी येही देखना चाहता हूँ।

अफ़सोस ना करना गर ये जिस्म ना रहे तो,
तन्हा आया, तन्हा हूँ, तन्हा जाना चाहता हूँ।

॥

॥ तराना कहाँ गया ॥

गर्दिश-ऐ-हालात में क्या क्या समा गया,
है भीड़ तो बहुत मगर इंसान कहाँ गया।

मेरे बुझे हुए दिल में तमन्ना नहीं रही,
आँखों मे तैरता हुआ सपना कहाँ गया।

कहाँ वो आलमे-मस्ती कहाँ सारी शोखियाँ,
यारब मुझे बता तो वो लम्हा कहाँ गया।

मयखाना भी उदास है पैमाना भी है खाली,
हैरत मे मैं हूँ डूबा वो ज़माना कहाँ गया।

मंज़िल की खोज मे मैं फिरता हूँ मारा मारा,
फिर भी पता नहीं है वो ठिकाना कहाँ गया।

वीरान सारी महफ़िल है खामोश हर जुबां है,
बेनूर है अब सभी कुछ वो तराना कहाँ गया।

॥

॥ मेरी मर्यादा मेरा अभिमान ॥

अचानक
हवा का झोंका महका गया,
मेरा कमरा और
मैं स्तब्ध सा सोचता रहा,
ये कैसे, कब और क्यूँ हो गया?
समझ नहीं पाया,
एक वीरान,
उजाड़ आशियाँ
कैसे महक गया?
मात्र हवा के एक झोंके से।
मुझे शायद भ्रम है,
नहीं ये सत्य है,
कमरा नहीं ये तो मेरा मन है।
निस्तेज सा, सूना सा,
बरसों से उजाड़ था,
किन्तु आज एक नयी स्फुर्ति,
एक नयी ऊर्जा, नये तेज
का हो गया इसमे समावेश।
कैसे?
अभी भी समझ नहीं पा रहा हूँ,

लेकिन एक एहसास
मुझे दे रहा है संदेश,
जो बन कर एक खुशबू,
महका गया मेरा मन,
जिसमे आज समा गए हो,
तुम सिर्फ तुम।

आज बस गया एक,
उजड़ा आशियाना,
महक गया है एक
वीराना मन।
नयी उमंग,
नयी स्फूर्ति,
होकर जागृत दे रही है मुझे
प्रेरणा,
पूरा करने के लिए
तेरे सपनों को।
आओ ले ले एक वचन,
तुम सदा सिर्फ मेरे हो और
मैं तुम्हारा।
मेरे आँगन की ये बहार,
सिर्फ और सिर्फ मेरी है और
मैं सिर्फ तुम्हारा।
पूरा करूंगा तेरे सपनों को,

स्वयं को कस कर
कसौटी पर
और बनोगे तुम
मेरी मर्यादा, मेरा अभिमान,
मेरा सम्मान
और महकोगे सिर्फ और सिर्फ
मेरे मन में।

॥

॥ तु प्रकृति है ॥

जब भी दस्तक देती है
हवा,
सुनता हूँ कोई
पदचाप,
होती है कोई आहट आसपास
दिल के,
लगता है तु है, बस तु ही है।

तेरा खयाल हो आता है मुझको,
लम्हा दर लम्हा
ये अहसास होता है मुझको,
कहीं तु ख्वाब तो नहीं?
इसी खयाल से बंद कर लेता हूँ
आंखे,
कहीं तु छूट ना जाए।
कस कर बंद कर लेता हूँ,
पलकें,
पर छलक आते हैं,
दो अश्क,
लेकर तेरा चेहरा लिए

इंद्रधनुषी रंग,
सूरज की किरण से।

सोचता था, लिखूँ मै भी
कविता,
तेरे गेसूओं पर,
बनाऊं मै भी तस्वीर तेरे,
हुस्न की।
किन्तु सोचता हूँ,
क्या लिख पाता जज़्बात
शब्दों मे,
क्या उतार सकता था तेरा हुस्न,
रंगों में।

कैसे दिखाता तेरी
कोमलता, पावनता
और उनसे जुड़े अपने
अहसास जज़्बात,
जो अब उतर आयें हैं,
इन अश्कों में,
जो स्वर्णिम आभा लिए सज़े हैं,
मेरी पलकों पर।
बस इतना यकीं दिला दे
तू ख़्वाब नहीं, हकीकत है,

तू यहीं है
इस ज़मीं पर,
तू ईश्वर की कृति है,
तू प्रकृति है, तू प्रकृति है।

॥

।। मेरे प्रणय का प्रथम चुंबन हो तुम ।।

सवेरे - सवेरे
कुछ किरणों ने आ कर खिड़की से,
मुझे जगा दिया,
संदेश दिया नवप्रभात का,
उजले प्रभात का।
ऊनींदी आखों से देखा,
उस कली को जो खोल रही थी,
अपनी आखें,
सिरहन सी पैदा हो गई जिस्म में,
इस एहसास से की ली तूने,
अँगड़ाई।
अठखेलियाँ कर रही थी कुछ बूंदें
ओस की,
उसकी कोमल पंखुड़ियों से,
शायद दो बूंदें तेरे कपोल पर,
मेरे अश्रुओं की।

झूम उठती थी मंद, मस्त
बयार में,
कली होने के खयाल से,

सहमती सी,
शायद करती थी,
प्रतिरोध
जैसे तुम समा जाती हो,
मेरे बाहों में,
लेकर एक इनकार
मगर कमज़ोर सा।
खुशबू समा गई है,
फिजाओं में,
जैसे फैलाया हो अपनी
कोमल पंखुड़ियों को
उस नाज़ुक कली ने,
ज्यों तेरे गेसूओं की छाँव से
उभर आई हो,
तेरी मुस्कुराहट
और महका गई मेरे
तन मन को।

सृष्टि झुक गई है लेने को,
चुंबन
उस कली का,
जिसने ली है अँगड़ाई,
ले कर सिंदूरी आभा
रवि किरणों से,

जैसे मैं चूम लेता हूँ,
तेरे अधर,
खोकर अपनी सुध बुध
और समा जाती है लाज़ की लाली,
तेरे कपोलों पर।
सच तुम ही हो
मेरे प्रणय का
"प्रथम चुंबन"

॥

॥ वस्ले रात बाकी है ॥

ना जाना रूठ कर हमसे, हमे नाशाद ना करना,
अभी है शाद दिल मेरा, अभी तो रात बाकी है।

तसव्वुर में तुम्हीं हो, ख्वाबों में तुम्हीं तुम हो,
अभी आगाज़ है अपना, अभी अंजाम बाकी है।

दुखतरे - रिज़ नहीं माँगूँ, नाही साथ साकी का,
तेरे आँखों से पीना है, लामकां जाम बाकी है।

ज़रा आँखों से अफ़साना, मुहब्बत का बयां करना,
तशनगी दिल को मेरे है, महक फूलों की बाकी है।

अभी ना जाम होंठों का, मेरे होंठों से तुम छीनो,
मेरे दिल से जरा पूछो, अभी तो होश बाकी है।

तेरे ज़ुल्फ़ों के साये में ही, अब ये ज़िंदगी गुजरे,
मुहब्बत की कसम ले लो, यही अरमान बाकी है।

ये शरमाना, ये अलसाना, नहीं कोई काम इनका है,
अभी कमसिन हो नादां हो, की वस्ले रात बाकी है।

॥

॥ लाश नज़र आएगी ॥

आ देख ज़रा आईने में
चहरे पे आती रंगत को,
पहचान सके तो पहचान
कुछ तो शर्म आएगी।

क्यूँ आज हो के रुसवा
महफ़िल में तू खड़ा है,
ज़रा झांक ले गिरेबान
तो बात समझ आएगी।

तक़दीर धुंधला गई है
खुद तेरे ही करम से,
ज़रा देख ले पलट कर
औकात नज़र आएगी।

कोहरा फ़लक का आज
आँखो पर तेरी छाया,
थोड़ा हटा कर देख ले
तुझे रात नज़र आएगी।

खुशियां जो इस जहाँ की
हाथों से तेरे फिसली,
ज़रा जोर दे ज़हन पर
खता खुद की नज़र आएगी।

कहता है तू है ज़िंदा
इस मौसमें पतझड़ में,
आ देख ले ये बहारें
खुद की लाश नज़र आएगी।

॥

लेखक परिचय

प्रस्तुत काव्य संग्रह "माँ तू बहुत याद आती है" के रचयिता अक्षय अग्रवाल का जन्म उत्तर प्रदेश के जिला सहारनपुर में हुआ था। किशोरावस्था मे ही पिता की मृत्यु हो जाने के बाद ये आगरा आ गए। यहीं पर इन्होंने लेखन आरंभ किया एवं वकालत की डिग्री प्राप्त की। तत्पश्चात इन्होंने मुंबई को अपनी कार्यस्थली बनाया। मुंबई में ये लेखन व अभिनय से जुड़े रहे और कुछ फिल्में एवं धारावाहिक लिखे। वर्तमान मे ये फिल्म निर्माण से भी जुड़े हुए हैं। इन्होंने इस काव्य संग्रह की रचना विविध विषयों को उजागर करते हुए जनमानस मे नवचेतना, नवउर्जा संचरण के उद्देश्य से की है।

Akshay Agrawal

writer.akshay6@gmail.com